AF312354

Collection

CAMILLE TOURNIÉ

ET

EDMOND TOURNIÉ

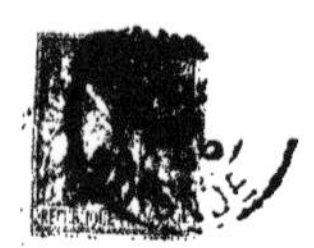

CATALOGUE

DES

FAÏENCES ANCIENNES

Nevers, Rouen, Moustier, Sinceny, Marseille, Montauban, Alcora, Delft, Urbino, etc.

PORCELAINES, BRONZES ANTIQUES, BRONZES ANCIENS ET FERRONERIE,

IVOIRES, ÉMAUX, BOIS SCULPTÉS, MEUBLES

COMPOSANT LA COLLECTION DE

MM. CAMILLE TOURNIÉ & EDMOND TOURNIÉ

ET DONT LA VENTE AURA LIEU

A BORDEAUX

Par suite du décès de

Monsieur CAMILLE TOURNIÉ

Salle de l'Athénée, rue Mably, 28

Les Lundi 22 — Mardi 23 — Mercredi 24 Avril 1895

à deux heures précises

———

PAR LE MINISTÈRE DE

Mᵉ J. DUVAL, commissaire-priseur

28, rue Mably, 28

ASSISTÉ DE

Mᵉ ERNEST DESCAMPS, expert

27, Cours de l'Intendance, 27

———

EXPOSITIONS

Les Vendredi 19, Samedi 20 et Dimanche 21 Avril 1895.

CONDITIONS DE LA VENTE

La vente sera faite expressément au comptant. Les acquéreurs paieront *Cinq pour cent* en sus des adjudications.

L'Exposition mettant le public à même de se rendre compte de l'état et de la nature des objets, il ne sera admis aucune réclamation une fois l'adjudication prononcée.

Bordeaux. — Imprimerie & Phototypie GUSTAVE CHARIOL, 25, rue d'Albret.

VACATIONS

NOTA. — *L'ordre numérique ne sera pas rigoureusement suivi.*

DÉSIGNATION DES OBJETS

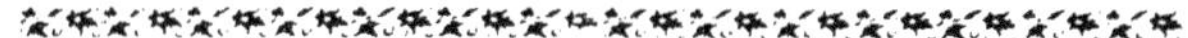

FAÏENCES

1 — **Bordeaux.** Deux pots de pharmacie, décor bleu.
2 — **Bordeaux.** Un pot avec couvercle, inscription de Althéa.
3 — **Bordeaux.** Un encrier rond et un couvert. Strasbourg.
4 — **Bordeaux.** Deux pichets en forme de Rhin.
5 — **Bordeaux.** Petit rafraîchissoir, décor polychrome.
6 — **Bergerac.** Deux tasses faïence.
7 — **Apt.** Pot à eau et sa cuvette.
8 — **Delft.** Moutardier et petit pichet.
9 — **Deux tasses terre de pipe.**
10 — **Sinceny.** Petite soupière.
11 — **Rouen.** Deux rafraîchissoirs.
12 — **Nevers.** Pot pharmacie, décor bleu, belle pièce.
13 — **Bordeaux.** Deux petites bouteilles.
14 — **Samadet.** Plat médaillon, personnage.
15 — **Deux assiettes.**
16 — **Bordeaux.** Deux pots pharmacie.
17-18 — **Bordeaux.** Deux biberons, une assiette Nevers, un dessus de sucrier.
19 — **Nevers.** Belle gourde, polychrome, décor rose et vert, belle pièce.
20 — **Bordeaux.** Très joli petit saladier.
21 — **Rouen.** Petite théière.
22 — **Maran.** Cache-pot, décor bleu.
23 — **Sinceny.** Bol à bouillon, très fin.
24 — **Nevers.** Cruche à sujet.
25 — **Montauban.** Pot à eau et sa cuvette.
26 — **Nevers.** Pot à eau, décor bleu.

27 — **Montauban.** Corps de fontaine, appliqué, décor bleu Bérain.

28 — **Ardus.** Plat long, décor bleu.

29 — **Montauban.** Plat à barbe, décor polychrome.

30 — **Montauban.** Pot pharmacie et écuelle.

31 — Deux petits pots pharmacie, décor bleu.

32 — **Montauban et Rouen.** Pot pharmacie et trois plateaux.

33 — Petit poêle faïence blanche.

34 — **Talavéra.** Deux petites assiettes.

35 — Grand vase à anses, faïence, décor bleu.

36 — Trois assiettes diverses.

37 — Trois assiettes diverses.

38 — **Montauban.** Corps de fontaine, décor bleu.

39 — Petit plat rond, décor bleu Bérain.

40 — Pot pharmacie faïence italienne, décor polychrome.

41 — **Tournay.** Deux assiettes, décor bleu.

42 — Deux assiettes.

43 — Trois assiettes.

44 — **Saintonge.** Plat à barbe.

45 — **Bordeaux.** Une assiette.

46 — **Sinceny.** Saladier.

47 — **Rouen.** Bannette, décor bleu et rouille.

48 — **Bergerac.** Petit plateau.

49 — **Montauban.** Grande fontaine avec sa vasque.

50 — Deux pots pharmacie à bec.

51 — **Bordeaux.** Deux pots, décor bleu.

52 — Plat goudronné faïence italienne et petites pièces diverses.

53 — **Samadet.** Un plat et deux autres pièces.

54 — **Rouen.** Grande soupière Louis XIV.

55 — **Montauban.** Assiette.

56 — **Sinceny.** Plat dentelé.

57 — **Aprey et Moustiers.** Deux couvercles.

58 — **Nevers.** Plat ovale camaïeu dentelé.

59 — **Samadet.** Grand bain de pieds.

60 — **Rouen.** Beau plat rond dentelé au carquois.

61 — **Montauban.** Deux pots pharmacie complets, décor polychrome.

62 — **Rouen.** Très belle assiette, décor polychrome, vert et rouge dominant.

63 — **Rouen.** Broc à cidre, décor polychrome, daté 1762.

64 — **Samadet.** Grand plat creux goudronné.

[illegible] — **Montauban.** Deux [illegible] Meuniers.

[illegible] — **Rouen.** Très jolie [illegible] à la [illegible] de [illegible]
[illegible].

[illegible] — **Marseille.** Une assiette et une Montre [illegible].

[illegible] — **Delft.** Deux assiettes [illegible].

[illegible] — **Marseille.** [illegible].

[illegible] — **Alcora.** [illegible].

[illegible] — **Bordeaux-Cartus.** [illegible].

[illegible] — **Rouen.** [illegible].

[illegible] — **Samadet** [illegible].

[illegible] — **Delft.** Deux [illegible].

[illegible] — **Rouen.** [illegible].

[illegible] — **Marseille.** [illegible].

[illegible] — **Moustiers.** [illegible].

[illegible] — **Ardus.** [illegible].

[illegible] — **Rouen.** [illegible].

[illegible] — [illegible].

[illegible] — Très jolie [illegible].

[illegible] — **Alcora.** Grand [illegible].

[illegible] — **Rouen.** [illegible].

[illegible] — **Bordeaux.** [illegible].

[illegible] — **Delft.** Assiette [illegible].

[illegible] — **Milan.** Assiette [illegible].

[illegible] — **Ardus.** [illegible].

[illegible] — **Montauban.** Deux assiettes.

[illegible] — **Rouen.** Deux grands [illegible] de pharmacie [illegible]
décor lambrequins, sont autre [illegible].

[illegible] — **Moustiers.** Grand plateau décor bleu.

[illegible] — **Delft.** Assiette décor polychrome au perroquet.

[illegible] — **Montauban.** Grand plat creux jaune.

[illegible] — **Montauban.** Petit plat creux, décor polychrome, armoiries et attributs militaires très intéressants.

[illegible] — **Montauban.** Assiette à cartouches.

[illegible] — **Bordeaux.** Grand corps de fontaine, décor polychrome.

[illegible] — **Montauban.** Petit plat creux, décor un jet d'eau.

[illegible] — Tête de Flore en terre de Lorraine blanche.

[illegible] — **Montauban.** Plat ovale décor jaune.

[illegible] — **Moustiers.** Beau plat ovale et goudronné, décor bleu Bérain.

100 — **Strasbourg.** Grand plat à poisson genre Marseille, décor polychrome.

Longueur, 0.68.

101 — Une assiette Marseille et une Bordeaux.

102 — **Bordeaux-Cartus.** — Belle assiette, armoiries Raymond-Monceau céramiste.

103 — Une assiette Marseille et une Savone.

104 — **Alcora.** Grand plat ovale, décor polychrome.

105 — **Samadet.** Petit plat fin et petite saucière Sinceny.

106 — **Bordeaux.** Une assiette et une Montauban.

107 — **Bordeaux.** Une assiette.

108 — **Delft.** Plat long à ressauts, décor bleu.

109 — **Bordeaux.** Grand pot pharmacie, décor bleu camaïeu.

110 — **Samadet.** Une assiette et une Maran.

111 — **Moustiers.** Grand plat ovale, décor Bérain.

112 — **Varage.** Grand plat, décor bleu.

113 — **Bordeaux.** Assiette et couvercle Alcora.

114 — **Delft.** Une assiette marquée Aigle et une Saintonge fleur de Lys.

115 — Grand plat, décor bleu, genre italien.

116 — **Rouen.** Plat octogone, décor bleu, creux.

117 — **Savone.** Petite assiette, décor bleu.

118 — **Rouen.** Plat ovale double Corne, très beau.

119 — **Nevers.** Pot pharmacie, décor bleu, couvercle.

120 — **Nevers.** Plateau, décor bleu à ressauts, galerie grillagée.

121 — **Moustiers.** Assiette.

122 — **Marseille.** Très beau plat.

123 — **Rouen.** Plat goudronné, décor Bleu et rouille.

124 — **Moustiers.** Grand plat Bérain à ressauts.

125 — **Rouen.** Broc à cidre, polychrome très fin, guirlandes de fleurs et lambrequins.

126 — **Samadet.** Soupière bon état.

127 — **Moustiers.** Assiette, décor jaune.

128 — **Rouen.** Bannette à la corne.

129 — **Nevers.** Assiette fêlée, décor Bleu chinois.

130 — **Rouen.** Plat, décor polychrome Louis XV à la corbeille.

131 — **Marseille.** — Une assiette à la tulipe et une assiette Apt au drapeau.

132 — Bannette octogone, décor Bleu Bérain, sujet central, femmes et amours.

133 — **Montauban.** Petit plat creux, assiette Marseille.

134 — **Bordeaux.** Assiette, décor bleu chiffré et un petit plat ovale.

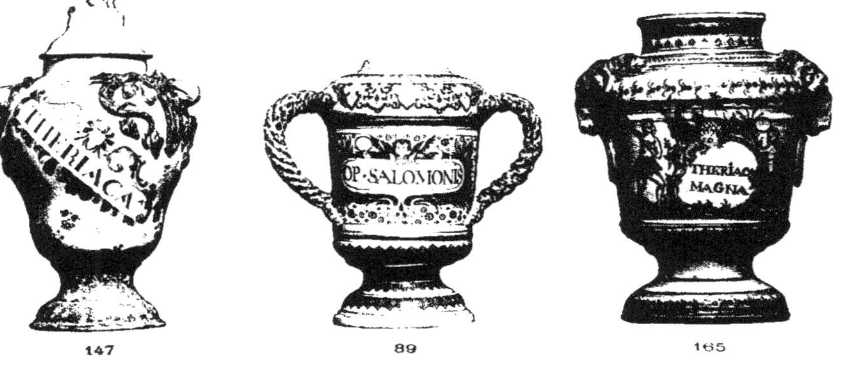
THERIACA
OP·SALOMONIS
THERIACA MAGNA
147
89
165

(Vente du peintre Décamps).

135 — **Nevers**. Très grand plat, décor camaïeu bleu, sujet chinois sur le marly, personnages et arabesques, très belle qualité.

Diamètre., 0.50.

135 *bis* — **Rouen**. Chandelier, décor bleu camaïeu, base octogone, armoiries des Coëthogan de Bretagne.

Haut., 22 1 2

136 — **Marseille**. Écuelle et son assiette, décor polychrome, guirlandes de fleurs, très jolie pièce.

137 — **Rouen**. Porte-huilier, décor bleu camaïeu.
138 — **Montauban**. Jolie soupière ronde, décor polychrome, sujets et guirlandes.
139 — **Delft**. Très belle assiette, décor polychrome, époque Louis XIV, grande marque Keyser et Pinaker, très légèrement ébréchée sur les bords.

140 — **Rennes**. Statuette, décor polychrome, Saint-Antoine.

Haut., 26 1 2.

141 — **Nevers**. Petit vase à anses, fond bleu, décor blanc, très légèrement rehaussé de jaune.
142 — **Savone**. Vase, décor polychrome, à deux anses, forme très élégante, gaudrons en haut, relief dans le bas, personnages et paysages.

Haut., 0.22

143 — **Samadet**. Porte-bouquet et jardinière octogone.
144 — **Rouen**. Beau plat à la Corbeille, décor polychrome, belle qualité.

Diam., 0.37.

145 — **Bordeaux**. Très beau vase de pharmacie, décor bleu Camaïeu, Mascarons, Cartouche enguirlandé, sans couvercle.

Haut., 0.45.

146 — **Rouen**. Plat rond creux à gaudrons Louis XIV, décor bleu et rouille, à Lambrequin, entièrement couvert.

Diam., 0.26 1 2.

147 — **Montauban**. Deux vases pharmacie, décor polychrome, anses à fruits, parfait état.

Haut., 0.50

SUITE DES FAÏENCES ET PORCELAINES

(Deuxième Vacation.)

48   **Delft**. Petit plat creux ovale gaudronné dit à la fondre, jolie pièce, décor polychrome très bel état.

Diam., 0.22.

49   **Samadet**. Corps de fontaine.

(Vente du peintre Décamps).

50   **Nevers**. Très grand plat décor bleu Camaïeu et Violet-Manganèse, sujet central Adam et Ève, très bien dessiné, pièce superbe, très bel état.

Diam., 0.55.

51   **Urbino**. Cruche décor polychrome, très décorée, grand médaillon sur la panse sujet mythologique, derrière sous l'anse, autre médaillon à personnages, têtes d'anges en relief.

Haut., 0.36.

52   **Nuremberg**. Très beau fronton de poêle en haut relief, décor Camaïeu bleu, couronne de marquis, cartouche au centre avec sujet mythologique.

Haut., 0.30 ; larg., 0.62.

153

154 — **Savone**. Superbe bénitier décor polychrome rectangulaire en hauteur, bleu et jaune dominant, tradition de *Della Robbia*, au centre une Vierge en ronde bosse tenant l'Enfant Jésus, tout le tour du bénitier une baguette sur laquelle sont appliquées également en haut relief onze têtes d'anges ailées. Pièce des plus belles de la collection. Exposition de Poitiers et Tours.

Haut., 44 ; larg., 30.

55 — **Nevers**. Belle potiche fond bleu de Perse, superbe décor blanc, bel état, base à côtes en relief.

Haut., 0,27.

56 — **Urbino**. Plateau d'accouchée décor polychrome à bords renversés du XVIe siècle complétement décoré de main de maître dans le style

Raphael, sur fond blanc en-dessus et en-dessous, de chaque [illegible]
un médaillon représentant un personnage au trait sur fond [illegible].

Pièce extra d'une très grande finesse en bel état, légèrement ébréchée
sur les bords.

[illegible]

Vente Oré

157 — **Savone.** Grand plat bleu très beau [illegible]
158 — Plateau à ressaut Louis XV, italien, [illegible] représentant une
chasse.

159 — **Nevers.** Superbe plateau [illegible] perse rectangulaire [illegible]
Camaïeu, au centre [illegible], [illegible] dont la partie [illegible] et grande [illegible]
sujets paysages, de chaque côté de l'[illegible] plus [illegible] et [illegible]
tement traités, en haut et en bas entre [illegible] et le [illegible], deux
charmantes frises dans le goût chinois, [illegible], [illegible] autour
le marly très couvert d'ornements [illegible] [illegible] aux quatre [illegible].

Longueur [illegible]

160 — **Rouen.** Beau plat ovale à la Corbeille époque Louis XV, [illegible]
Longueur [illegible]

Vente du peintre Decamps.

161 — **Marseille** (1ʳᵉ époque). Grand plat décor bleu [illegible] et [illegible]
armoiries fantaisistes sur le fond, le marly très couvert [illegible] dé-
partiments représentant des attributs divers [illegible] Saint-
Jean, artiste de la fabrique de Saint-Jean-du-Désert [illegible] de
Marseille, dirigée par les Clérissy, extrêmement rare.

[illegible]

162 — **Rouen.** Plat ovale Louis XV, décor polychrome à la [illegible]
Longueur [illegible]

Vente Oré

163 — **Marseille.** Très beau légumier décor polychrome Louis XV, [illegible]
sur pieds rocailles, des léopards aux anses, le couvercle [illegible]
fruit avec branchages, divers compartiments formant [illegible]

entourant des bouquets de fleurs supérieurement dessinés, très bon état,
pièce charmante. (*Veuve Périn.*)

Long., 0.35 1/2.

104 — Grande jarre gothique en terre vernissée couleur bronze, couverte sur toute
la surface d'ornements en relief rapportés, à l'épaulement 6 médaillons
répétés représentant la Sainte-Vierge tenant l'enfant Jésus; ce dessin
alterne avec un monogramme formé de 2 lettres, dans le milieu double
frise.

Haut., 0.64; diamètre, 0.60.

105 — **Ardus.** Très grand vase de pharmacie, décor polychrome, de chaque côté
une belle tête de bélier, au centre un cartouche rocaille tenu par deux
sauvages, inscription Thériaca Magna, coloris très agréable, fort belle
pièce, sans couvercle.

Haut., 0.45.

106 — Deux mortiers en terre cuite et divers carreaux, terre vernissée.
107 — Corps de fontaine terre vernissée jaune clair, divers ornements en relief.
108 — Un lot de poterie romaine.
108 *bis* — Chandeliers gallo-romains en terre cuite (voir le 4e fascicule du tome XIV,
année 1889, de la Société Archéologique de Bordeaux.)

PORCELAINES

168 *bis* — **Sèvres.** Deux assiettes pâte tendre.
169 — **Sèvres.** Deux autres semblables.
170 — **Sèvres.** Tasse époque Louis XVIII, or sur fond bleu de France.
171 — Deux médaillons biscuit Sèvres modernes et une cuillère pâte tendre, décor
bleu.
172 — Deux petits médaillons modernes, l'Impératrice Eugénie et Napoléon Ier.
173 — **Chine.** Quatre tasses, 3 sous-tasses, un sucrier, anciens, à personnages.
174 — **Chine.** Deux assiettes.
175 — **Chine.** Deux assiettes.
176 — Petit moutardier et deux statuettes biscuit.
177 — Quatre verres Venise et un Bohème.

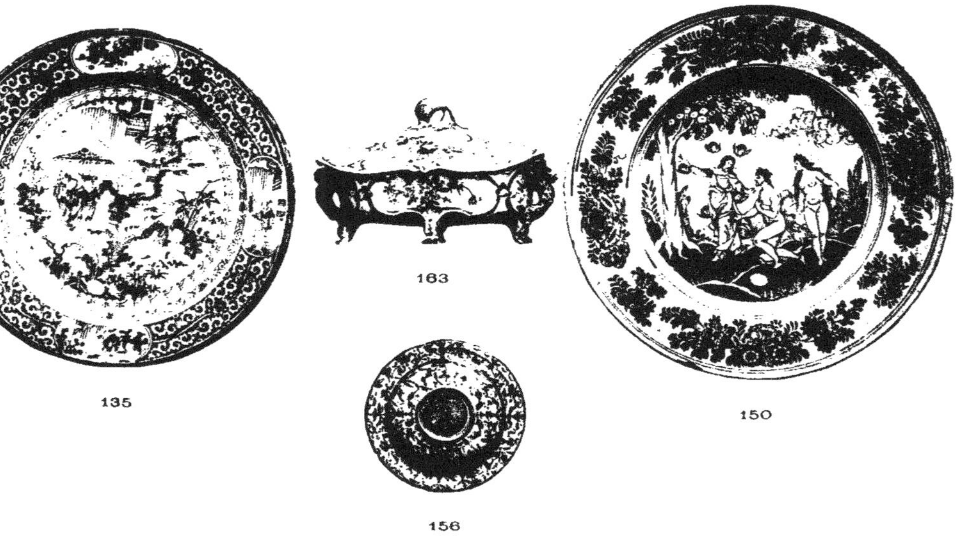

135   163   150

156

IVOIRES

178 — Christ ivoire, patine jaune, sans bras.

179 — Christ ivoire blanc, un bras rapporté.

180 — Groupe mythologique. Daphnis changé en laurier, incomplet.

181 — Dessus de boîte Louis XIV, sujet allégorique, très fin.

182 — Grand Calvaire, d'une seule pièce, au pied de la croix la Sainte Vierge et
Saint Jean, sur le devant, Marie Madeleine et autres divers, travail
français remarquable du xviiᵉ siècle.

> Haut. 40 cent.

183 — Petit pied de Calvaire.

184 — Boîte de râpe à tabac époque Louis XIV, sujet : Un Buveur, dans le haut
un soleil, travail fin.

> Long. 17 cent. 1 2

185 — Christ très fin du xviiᵉ siècle, manque bras et jambes, belle patine.

186 — Christ remarquable du xviiᵉ siècle, dans un cadre bois sculpté, doré, très
fin, formant vitrine.

> Haut. du Christ 20 cent. Haut. du tout 75 cent.

ÉMAUX

187 — Sainte Thérèse, émail très fin, époque Louis XIV, ccditi...ns en relief, très
bel état. Signé : L. Laudas, Faubourg de Maguine (Limoges).

> Haut. 14 cent. 1 2 larg. 11 cent.

188 — Sacré-Cœur de Jésus, encadrement plein relief Louis XIV, sans signature,
très bel état.

> Haut. 16 cent. larg. 13 cent.

189 — Saint Jean, émail. Signé : Nouailher, émailleur (Limoges).

> Haut. 9 cent. 1 2 larg. 7 cent. 1 2

190 — Très belle plaque de bénitier, ovale, bombée, sujet admirablement traité et
conservé. Signé : Baptiste Nouailher, émailleur (Limoges).

> Haut. 17 cent. larg. 15

191 — Grand émail du xviᵉ siècle. Mise au Tombeau, très restauré. Sans signature.

> Haut. 25 cent. larg. 18 cent.

BOIS SCULPTÉS ET DORÉS

192 — Petite glace Louis XIV avec fronton, bois sculpté, doré, très bel état.

Haut., 1 m.; larg., 54 cent.

193 — Panneau bois sculpté, haut relief, Annonciation, doré, encadré.

Haut., 1 m. 40 ; larg., 75 cent.

194 — Vierge dorée, encadrée du xviie siècle.

Haut., 1 m. 40 ; larg., 75 cent.

195-196 — Deux anges adorateurs du xviie siècle dorés, encadrés.

Haut., 1 m. 20 ; larg., 45 cent.

197 — Panneau bois naturel, sculpté, Sacrifices d'un prêtre Juif du XVIe siècle.

Haut., 90 cent.; larg., 55 cent.

198 — Tête d'ange, fronton bois naturel et 2 chutes.

199-200 — Deux panneaux du xviie siècle avec niches et chutes.

201 — Tête d'ange très fine et fronton bois naturel du xviie siècle.

202 — Deux chutes de fleurs et fruits du xviie siècle, dorure ancienne, très belle pièce.

203 — Deux volutes du xviie siècle.

204 — Deux volutes, très belles têtes d'anges.

205 — Belle colonne torse enlacée de grappes de raisin et feuillages, bois naturel, du xviie siècle.

Haut., 2 m. 25.

206 — Panneau bois naturel, personnages et un petit motif.

207 — Porte de meuble 2 motifs et une coquille, bois naturel.

208 — Deux motifs à têtes d'anges, 2 fragments gothiques.

209 — Médaillon personnage Saint-Augustin, encadrement, guirlandes sur fleurs d'une seule pièce.

Haut., 48 cent.

210 — Un lot de 6 guirlandes, 3 volutes, petit panneau doré, 2 têtes d'anges, 2 autres morceaux, 2 plaques d'impression.

211 — Deux chutes très fines, dorure ancienne.

212 — Deux chapiteaux, bois naturel

212 *bis* — Deux vases avec fruits.

212 *ter* — Guirlande dessus de porte.

213 — Très belle plaque sculptée, moule pour plaque de fonte.

214 — Rétable d'église composé de 2 colonnes torses cannelées chapitaux et bases,
plus fronton avec le Père Eternel, le tout peint et doré du temps.

215 — Quatre chutes fleurs et fruits attachés par des rubans, sans dorure.

216 — Deux superbes colonnes torses à cannelures en noyer du xviiie siècle, chapitaux à feuilles d'acanthe ornés dans le bas de pampres et raisins. Église de
Villandraut bâtie en 1616.

Haut., 1 m. 70.

217 — Panneau de manteau de cheminée, sujet mascaron.

218 — Deux raux de tisserand et une quenouille bois du xviiie siècle.

219 — Un lot de 9 outils de menuisier, pièces de Maîtrise faite à la Guadeloupe
en 1827, bois de fer et noyer.

220 — Deux Tabatières en bois de coco et noyer.

221 — Grand coffre gothique, bois de chêne, ancien avec serrure, composé de
panneaux flamboyants et panneaux serviettes, bon état.

Profondeur, 70 cent.; long., 1 m. 80; haut., 82 cent.

222 — Coffre en noyer du commencement du xviiie siècle, panneaux pointes, diamè-
tres et colonnes rondes.

Haut., 1 m. 25; larg. 70 cent.

223 — Deux colonnes cannelées et une torse, plus deux vases avec flammes.

224 — Coffre noyer sculpté du commencement du xviiie siècle, très pur, d'une
conservation exceptionnelle, sa serrure et sa clef.

Long. 1 m. 30; haut., 71 cent.; prof., 42.

225 — Baromètre Louis XV, peint doré.

Haut., 97 cent.

HACHES SILEX

226 — Un lot composé de : un surmoulage et 12 pièces éclatées et polies.

227 — Six lampes romaines, terre cuite.

228 — Un lot de silex.

229 — Différentes caisses renfermant des débris de poteries romaines, statuettes,
moulages, poids de tisserand, quantité de marques de potiers.

229 *bis* — Un lot de débris de verrières anciennes.

230 — Un lot monnaies diverses, 48 pièces cuivre et argent.

231 — Lot de 10 pièces bronze et argent romaines.

232 — Pièce d'or romaine, fleur de coing, d'un côté un buste lauré, drapé, cuirassé, à droite légende de Vérus Aug. Arminarus Particu Maximus, au revers Victoire demi-nue regardant à droite, tenant une palme de la main gauche un bouclier sur lequel on lit : Victor Particu.

Dimension, 20 mill.; poids, 7 gr. 1 2.

233 — Très belle pièce d'or d'Honorius, drapé cuirassé, légende D. L. Honorius P. F. et Augustus, au revers, empereur en habit militaire debout tenant de la main gauche un globe et posant le pied sur un captif, de la main droite un étendard. Victoria Auguste G. G., en exergue Comob.

Diam., 21 mill.

234 — La même Honorius Arcadius. D. N. Arcadius. P. F. Augustus.

Diam., 21 mill.

235 — Très belle bague mérovingienne en or trouvée par un cultivateur du lieu dit La Garde (Loire) en 1884 (voir la revue archéologique de novembre et décembre 1890).

BRONZES ANTIQUES

236 — Un lot de 11 petites pièces, 2 perles et 15 fusaïolles.

237 — Un lot de 2 anneaux de clefs, 2 clefs, 2 cuillères.

238 — Bout de timon de char romain, une lampe, un pendentif.

239 — Un Balsamaire, une coupe.

240 — Jolie aiguière époque gallo-romaine, patine noire, trouvée à Tauves (Puy-de-Dôme), figurine sur le haut de l'anse et au bas.

Haut., 20 cent.

241 — Trois Arigiles parfait état, l'un avec sa marque.

242 — 4 pièces : 1 lame de poignard,
1 lance romaine,
2 autres petits fers de lance.

243 — Lampe romaine à deux becs, très belle pièce.

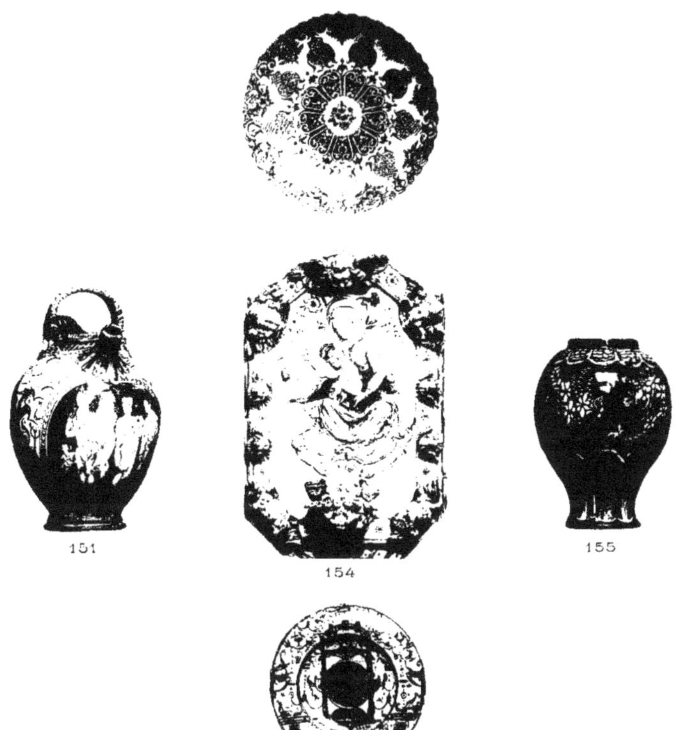

151

154

155

156

244 — 6 pièces époque gauloise, provenant d'un dépôt funéraire trouvé à
Montréal (Gers) :

3 Fibules, 1 bracelet. 2 bagues.

(Voir la « Revue des Sociétés Savantes » des départements. tome 1er. 133e livraison
année 1879.)

245 — Belle lampe romaine trouvée à Saint-Porquier: un Petit Dauphin.

(Vente du docteur Cassan..

246 — 5 pièces. épingles. un dé et une boucle de ceinturon composée elle-même de
5 pièces.

247 — 4 fragments de boucles de ceinturons époque Mérovingienne grands et
niellés.

248 — Lionne bronze gallo-romain insigne de légion trouvé à Penne en 1875, pièce
d'un très grand intérêt.

Haut. 10 cent. 1 2 : Long. 15 cent. 1 2.

249 — Quatre bracelets gaulois trouvés à Aiguillon.
250 — Statuette. petit génie endormi, trouvée à Bordeaux.

Haut. 7 cent

251 — Deux statuettes dont une représentant Apocrate enfant:

Haut. 11 cent.

l'autre, sujet Erotique. formant anse de vase.

Haut. 8 cent. 1 2.

252 — Vénus Andiomede, trouvée à Causse, près Montauban, bras droit relevé à
hauteur de la tête, les pieds appuyés sur la tête d'un Dauphin, très jolie
pièce.

Haut. 11 cent

253 — Un lot de 4 haches à auget et à ailettes
254 — Un lot de 4 haches à auget et à ailettes.
255 — 5 pièces, tête de Lionne, bossette de mors xviie siècle : mascarons du xviii
siècle. tête de Satyre, tête de Lion.
256 — 2 Mascarons de chenets Louis XIV.
257 — 4 pièces, Christ Louis XIII, Vierge, applique de Croix. entrée de coffre.
plaque de bénitier xviie siècle.

258 — 2 pièces, un brûle-parfum & une boîte à encens xviiᵉ siècle argentés.

259 — 2 grosses pattes Lion, un Ciboire uni xvᵉ siècle.

260 — Jolie petite pièce d'artillerie.

261 — 5 pièces : un médaillon, une patère, garde de sabre, etc.

262 — Trois boîtes à poudre des xviiᵉ & xviiiᵉ siècles, dont une complète.

263 — 2 pièces : une boîte à encens & un brûle-parfum.

264 — Très bel éperon du xviiᵉ siècle & un étrier

265 — Médaillon ancien 1708, baronne de Niveinheim.

266 — Ciboire xvᵉ siècle, uni

267 — Mesure des états de Bigorre, trouvée à St-Pé, xviiiᵉ siècle, portant deux écussons : le premier, la date 1710 : le second, deux léopards passant l'un sur l'autre sur fond de gueule, pièces très intéressantes.

> Haut. 15 cent.

268 — Quatre pièces : 2 statuettes de croix émaux, cham levé du moyen-âge, plaque d'applique, plaque centrale de tryptique.

269 — Très jolie custode émail du xiiiᵉ siècle, très bon état.

270 — Cinq pièces : 2 outils de relieur, bague en cuivre, christ en étain, joli petit heurtoir bronze époque Louis XVI.

> Haut., 22 cent.

271 — Coq de drapeau, époque 1830.

272 — Cinq poids, Limoux, Saintes, Toulouse, etc.

273 — Huit pièces dont 5 pommeaux d'épée, une poignée de sabre, quillon, etc.

274 — Huit pièces : 2 plateaux persans, porte-mouchettes et mouchettes, éperon, porte-montre doré, 2 entrées serrure, fragment d'applique empire.

275 — Sextant et boussole Louis XIV.

276 — Pommeau de cravache bronze doré, jolie petite pièce.

277 — Deux statuettes, dont une en bronze doré.

> Haut., 9 cent.

278 — Trois sigellums.

279 — Horloge Louis XIII.

280 — Moule de cadran solaire.

281 — Mortier du xviiᵉ siècle, têtes d'anges (sans patine).

> Haut., 11 cent.; diam., 15 cent.

282 — Joli petit mortier du xviᵉ siècle.

> Haut., 7 cent.; diam., 11 cent.

283 — Mortier du XV° siècle, très fin, belle patine.

> Haut., 11 cent. 1 2; diam., 15 cent. 1 2.

284 — Très beau mortier du XVII° siècle aux armes du Pape répétées 3 fois et 2 sujets religieux.

> Haut., 17 cent.; diam., 23 cent.

285 — Très grand mortier du XVII° siècle, mascarons, poignées, 2 caryatides, frise à fleurs de lys.

> Haut., 28 cent. 1 2; diam., 47 cent.

286 — Une paire de chenets à grosses boules, époque Louis XIV, têtes d'anges et fleurons dans la base.

> Haut., 55 cent.; base, 34 cent.

287 — Une paire girandoles Louis XV.

287 *bis* — Masque en bronze, Napoléon Ier fait à son lit de mort à Sainte-Hélène par le Dr Antomacchi, 6 mai 1821 (voir la Curiosité Universelle, n° 142, 9 octobre 1889). Il n'y en a que très peu d'exemplaires, le moule ayant été brisé au premier tirage.

288 — Six Chandeliers bronze XVI°, XVII° et XVIII° siècles.

289 — Deux chandeliers Henri II cannelés.

290 — Quatre chandeliers XV°, XVI° et XVIII° siècles.

291 — Un grand chandelier du XV° siècle et un du XVIII° siècle.

291 *bis* — Cadre de miroir fin Louis XIII, patin, fronton, ornements.

> Haut., 0.31; larg., 22 1 2.

292 — Une buire en étain du XVIII° siècle, gravée.

> Haut., 0.21.

293 — Plat en étain du XVII° siècle, couvert de marques et ornements divers sur le marly.

> Diam., 0.38.

294 — Cadran solaire en étain. — Deux plats modernes en étain.

294 *bis* — Une tête et un torse de Christ en pierre sculptée.

FERS ET FERRONERIE

295 — Sept pièces : 2 mors de bride, 2 fourches, une lampe, 1 porte-lampe, 1 porte-chandelles.

296 — Lot de 4 pièces, pique, pistolet espagnol, pièce canon et lame épée.
297 — Glaive, école de Mars.
298 — Un panneau de 12 clefs.
299 — Un panneau de 17 clefs.
300 — Écusson religieux, fer repoussé, la Visitation, xviiᵉ siècle.
301 — Lot de 7 pièces. heurtoir complet, petit pendant, clef du xvᵉ siècle, manche bois, entrée de serrure, rosace repoussée, marque d'un des fabricants de cuirs de Montpassier, couvercle en fonte avec poignée.

302 — Serrure gothique.
303 — Écusson armoiries fer repoussé, travail artistique.
304 — Un lot de 10 clefs.
305 — Un lot de 11 pièces composé de 6 clefs, crochet, porte-clef et fourchette se pliant, éléphant, figurine, une poucette.

306 — Trois heurtoirs forgés, ciselés.
307 — Un panneau de 14 clefs et 4 entrées bronze empire.
308 — Un panneau de 17 clefs.
309 — Deux clefs et un livre formant armoiries.
310 — Anneau heurtoir et serrure complète xviiiᵉ siècle.
311 — Masque japonais repoussé.
312 — Pièce en forme de fauchard avec dents, deux étriers, un grand cadenas et un petit.

313 — Serrure de coffre gothique, le tombant est moderne.
314 — Trois heurtoirs xviiᵉ et xviiiᵉ siècles.
315 — Dix pièces, deux serrures du xviiiᵉ siècle et cinq clefs du xviᵉ siècle, un anneau, une pique, un hachoir.

316 — Très beau marteau de porte du commencement, du xviiᵉ siècle, ciselé, en haut relief deux mascarons et Dauphins.

317 — Un heurtoir gothique rond, avec inscription.

Haut., 0.18.

318 — Très belle clef Renaissance, chimère, chapiteaux très finement ciselés, pièce remarquable, parfait état.

Haut., 0.18.

318 *bis* — Très jolie clef xviiᵉ siècle, deux heurtoirs gothiques.
319 — Jolie serrure du xviiᵉ siècle et sa clef, un sablier, une croix Légion d'honneur et verres moulés.

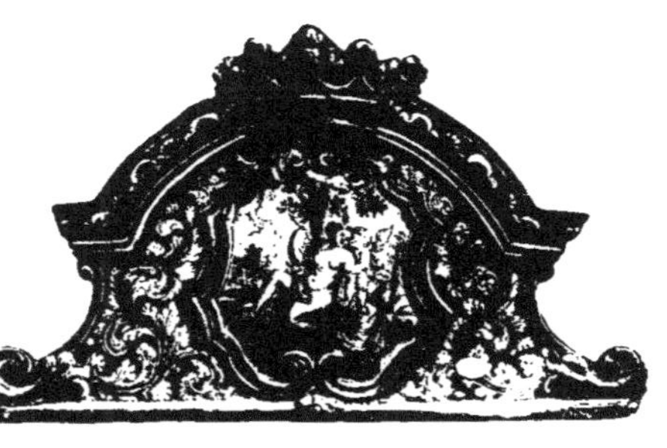

19

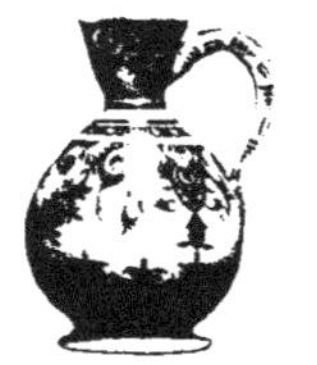
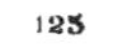

152

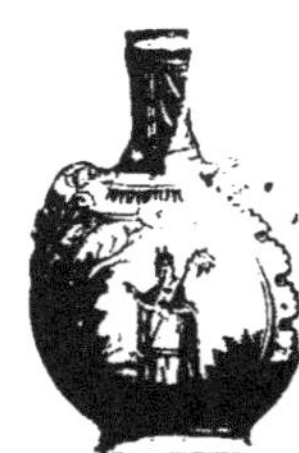

125

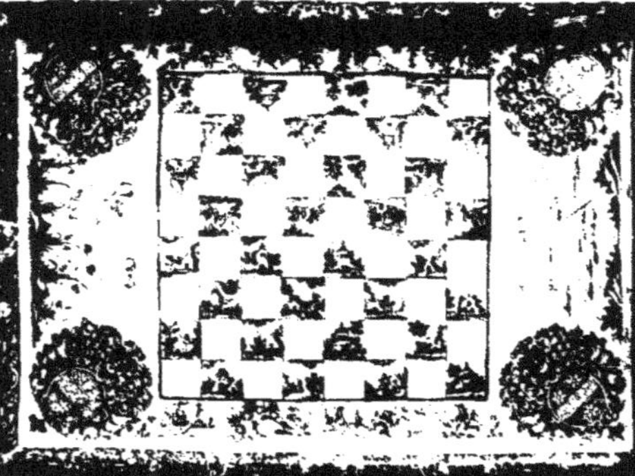

159

320 — Très belle plaque fonte du XVIIIᵉ siècle, au centre Mercure.

Haut., 93 cent.; larg., 65.

321 — Petite plaque à pans coupés dans le haut, belles fleurs de lys au centre, haut relief.

Haut., 54 cent.; larg., 55 cent.

322 — Plaque Louis XIII en deux pièces, armes France et Navarre.

Haut., 74 cent.; larg., 62 cent.

323 — Plaque du XVIᵉ siècle.

Haut., 70 cent.; larg., 56 cent.

324 — Plaque aux armes d'Angleterre.

Haut., 58 cent.; larg., 51 cent.

325 — Plaque gothique forme pignon.

Haut., 80 cent.; larg., 62 cent.

326 — Surmoulage d'une laie, insigne Gaulois, trouvé dans le lot dont l'original est au musée de Saint-Germain.

Bordeaux. — Imprimerie & Phototypie GUSTAVE CHARIOL, rue d'Abret, 25.

www.ingramcontent.com/pod-product-compliance
Ingram Content Group UK Ltd.
Pitfield, Milton Keynes, MK11 3LW, UK
UKHW031739170726
13836UKWH00002B/750